Genuß mit Schuß

Säfte, Softdrinks und ein Schuß Phantasie verwandeln Spirituosen und Sirupe ganz einfach in Longdrinks für Genießer. Dabei ist jeder Drink nur so gut wie seine Zutaten. Wählen Sie deshalb Fruchtsäfte und Sirupe von guter Qualität. Zur Grundausstattung Ihrer Hausbar gehören Gin, Wodka, weißer und brauner Rum, Brandy oder Cognac, der Agavenschnaps Tequila und Cachaça, ein brasilianischer Zuckerrohrbrand. Liköre ergänzen das Angebot. Damit Ihre Longdrinks schön kühl bleiben, servieren Sie sie auf Eiswürfeln oder – ganz professionell – mit »crushed ice«, gestoßenem Eis. Lassen Sie sich die kühlen Köstlichkeiten gleich schmecken.

Fellini

Dolce vita im Glas: Aperol verleiht dem Sommerdrink eine italienische Note.

Erfrischend

Zutaten für 1 Drink:
8 mittelgroße Eiswürfel
1 cl Zitronensaft, frisch gepreßt
1 cl Mandelsirup
6 cl Ananassaft
8 cl Grapefruitsaft
4 cl Aperol (italienischer Aperitif, Tip auf dieser Seite)
etwas gestoßenes Eis (Seite 18)
Zum Garnieren:
1 Grapefruitschnitz
1 Zweig frische Minze
Was Sie sonst noch brauchen:
Shaker
1 Longdrinkglas
Barsieb
1 Trinkhalm

!

Der orangerote Aperol ist in seiner italienischen Heimat ein sehr beliebter Aperitif mit nur 11% Vol. Alkohol. Er wird aus Rhabarber, Chinarinde, Enzian, Bitterorangen, Kräutern und Alkohol hergestellt und gibt Mixgetränken eine bitter-süße Geschmacksnuance. Ganz einfach genießen Sie ihn auf Eis oder mit Soda.

1

Die Eiswürfel in den oberen Teil des Shakers füllen.

2

Den Zitronensaft, den Mandelsirup, die Säfte und den Aperol dazugeben. Den Shaker schließen und alles etwa 8 Sekunden kräftig schütteln (Seite 19).

3

Das Glas zu etwa einem Drittel mit gestoßenem Eis füllen. Die Mischung aus dem Shaker durch das Barsieb darauf abseihen.

4

Den Grapefruitschnitz einschneiden und an den Glasrand stecken. Den Drink mit dem Minzezweig garnieren und mit dem Trinkhalm servieren.

Yellow Bird

Ein wenig Crème de Cacao rundet den fruchtig-frischen Drink harmonisch ab.

Erfrischend

Zutaten für 1 Drink:
8 mittelgroße Eiswürfel
3 cl Cognac oder Brandy
1 cl weißer Crème de Cacao (Kakaolikör)
6 cl Orangensaft
(Tip auf dieser Seite)
6 cl Maracujasaft
1 cl Mangosirup
etwas gestoßenes Eis (Seite 18)
Zum Garnieren:
1 Scheibe Karambole (Sternfrucht)
Was Sie sonst noch brauchen:
Shaker
1 Longdrinkglas
Barsieb
1 Trinkhalm

!

Verwenden Sie hochwertige Spirituosen und Säfte. Ein Billig-Orangensaft beispielsweise kann den Geschmack eines Longdrinks empfindlich stören, sogar verderben. Auch bei Likör, Cognac oder Brandy sollten Sie auf Qualität achten.

1

Die Eiswürfel in den oberen Teil des Shakers füllen.

2

Den Cognac oder den Brandy, den Crème de Cacao, die Säfte und den Mangosirup dazugeben. Den Shaker schließen und alles etwa 8 Sekunden kräftig schütteln (Seite 19).

3

Das Glas zu etwa einem Drittel mit gestoßenem Eis füllen. Die Mischung aus dem Shaker durch das Barsieb darauf abseihen.

4

Den Drink mit der Karambole-Scheibe garnieren und mit dem Trinkhalm servieren.

Planter's Punch

Der Klassiker erfrischt selbst bei tropischen Temperaturen (auch Titelbild).

Spezialität aus der Karibik

Zutaten für 1 Drink:
8 mittelgroße Eiswürfel
1 cl Zitronensaft, frisch gepreßt
4 cl Orangensaft
8 cl Ananassaft
1/2 cl (2 Teel.) Grenadinesirup
3 cl weißer Rum
3 cl brauner Rum
etwas gestoßenes Eis (Seite 18)
Zum Garnieren:
1/4 Scheibe Ananas
1 Cocktailkirsche mit Stiel
1 Zweig frische Minze
Was Sie sonst noch brauchen:
Shaker
1 Longdrinkglas
Barsieb
1 Trinkhalm

1

Die Eiswürfel in den oberen Teil des Shakers füllen.

2

Die Säfte, den Grenadinesirup und den Rum dazugeben. Den Shaker schließen und alles etwa 8 Sekunden kräftig schütteln (Seite 19).

3

Das Longdrinkglas zu etwa einem Drittel mit gestoßenem Eis füllen. Die Mischung aus dem Shaker durch das Barsieb darauf abseihen.

4

Das Ananasstück einschneiden und an den Glasrand stecken. Den Drink mit der Cocktailkirsche und dem Minzezweig garnieren und mit dem Trinkhalm sofort servieren.

Variante:
Hartgesottene mögen den alkoholreichen **Zombie**. Von diesem Drink bekommen Sie in vielen Bars nur zwei an einem Abend serviert. Er hat's in sich, und zwar je 2 cl Orangensaft und Rose's Lime Juice (Limettensirup), 6 cl Ananassaft, je 3 cl weißen und braunen Rum, 2 cl hochprozentigen Rum (73 %), 2 cl Apricot Brandy und 1/2 cl Grenadinesirup. Alle Zutaten im Shaker mit Eiswürfeln schütteln und in ein mit gestoßenem Eis gefülltes Glas abseihen. 1/4 Limette über dem Drink auspressen und mit ins Glas geben. Den **Zombie** mit 2 Cocktailkirschen und 1 Orangenscheibe garnieren, mit Trinkhalm servieren.

Piña Colada

Exotik pur: Der Spitzenreiter unter den Tropical Drinks schmeckt vollmundig.

Spezialität aus der Karibik

Zutaten für 1 Drink:
8 Eiswürfel
12 cl Ananassaft
3 cl Kokosnußsirup
6 cl weißer Rum
etwas gestoßenes Eis (Seite 18)
Zum Garnieren:
1/4 Scheibe Ananas
1 Cocktailkirsche mit Stiel
Was Sie sonst noch brauchen:
Shaker
1 Longdrinkglas
Barsieb
1 Trinkhalm

1

Die Eiswürfel in den oberen Teil des Shakers füllen.

2

Den Ananassaft, den Kokosnußsirup und den Rum dazugeben. Den Shaker schließen und alles etwa 8 Sekunden kräftig schütteln (Seite 19).

3

Das Glas zu etwa einem Drittel mit gestoßenem Eis füllen. Die Mischung aus dem Shaker durch das Barsieb darauf abseihen.

4

Das Ananasstück auf das Eis legen. Den Drink mit der Cocktailkirsche garnieren und mit dem Trinkhalm sofort servieren.

Varianten:
Wenn Sie zu Ananassaft, Kokosnußsirup und Rum noch 2 cl Sahne hinzufügen, erhalten Sie einen **Bahia**.
Für **Lechthaler's Piña Colada** den Ananassaft, den Kokosnußsirup und 2 cl Sahne mit je 3 cl weißem und braunem Rum mischen. So bekommt der karibische Begrüßungstrunk einen besonders aromatischen Geschmack.

Blue Champagne

Ein Drink, wie geschaffen für die »blue hour«, die Stunde nach Büroschluß.

Edel

Zutaten für 1 Drink:
8 mittelgroße Eiswürfel
1/2 cl (2 Teel.) Zitronensaft, frisch gepreßt
2 cl Curaçao Blue
2 cl Wodka
2 cl Rose's Lime Juice (Limettensirup)
gekühlter Champagner
Zum Garnieren:
1 Cocktailkirsche mit Stiel
Was Sie sonst noch brauchen:
Shaker
Barsieb
1 vorgekühltes Champagnerglas
(Tip auf dieser Seite)

!

So kühlen Sie Gläser am einfachsten vor: Stellen Sie sie für 10–15 Minuten in das Tiefkühlgerät, bis sie von einer Eisschicht überzogen sind. Oder füllen Sie die Gläser für einige Minuten mit Eiswürfeln oder gestoßenem Eis.

1

Die Eiswürfel in den oberen Teil des Shakers füllen.

2

Den Zitronensaft, den Curaçao Blue, den Wodka und den Lime Juice dazugeben. Den Shaker schließen und alles etwa 8 Sekunden kräftig schütteln (Seite 19).

3

Die Mischung durch das Barsieb in das vorgekühlte Glas abseihen und mit Champagner auffüllen.

4

Die Cocktailkirsche vorsichtig ins Glas geben und den Drink sofort servieren.

Variante:
Für den **Vulcano** je 1 1/2 cl gekühlten Himbeergeist und Curaçao Blue in ein vorgekühltes Glas geben und mit Champagner auffüllen. Eine Orangenzeste, (ein Stück Orangenschale) über dem Drink ausdrücken und nach Belieben mit ins Glas geben. Besonders effektvoll: Zünden Sie Himbeergeist und Curaçao Blue im Glas an, »löschen« Sie dann mit Champagner.

Mojito

Stilecht bereiten Sie ihn mit kubanischem Rum zu (auch Titelbild).

Spezialität aus Kuba

Zutaten für 1 Drink:
3 cl Limettensaft, frisch gepreßt
(Tip auf dieser Seite)
6–8 frische Minzeblätter
2 cl Zuckersirup
6 cl weißer Rum
einige Eiswürfel
1 Schuß Soda
Zum Garnieren:
1 Zweig frische Minze
Was Sie sonst noch brauchen:
1 Longdrinkglas
Stößel
Barlöffel
1 Trinkhalm

!

Limetten sind die kleinen, grünen Schwestern der Zitrone. Barkeeper mögen sie, weil sie viel Saft enthalten. In Gemüse- und Obstgeschäften finden Sie Limetten manchmal unter dem (falschen) Namen Limonen.

1

Den Limettensaft, die Minzeblätter und den Zuckersirup in das Glas geben.

2

Die Minzeblätter mit dem Stößel etwas zerdrücken.

3

Den Rum dazugießen und das Glas mit Eiswürfeln auffüllen.

4

Alles mit einem Schuß Soda abspritzen und mit dem Barlöffel kurz verrühren (von oben nach unten).

5

Den Drink mit dem Minzezweig garnieren und mit dem Trinkhalm servieren.

Variante:
Wenn Sie statt weißem Rum Cachaça, einen Zuckerrohrbrand, verwenden, erhalten Sie **Monti's Mojito**.

Munich Sunset

Auch Nordlichter mögen den fruchtigen »Münchner Sonnenuntergang«.

Erfrischend

Zutaten für 1 Drink:
8 mittelgroße Eiswürfel
6 cl Maracujasaft
3 cl Cachaça
2 cl Peach Brandy (Pfirsichlikör)
etwas gestoßenes Eis (Seite 18)
gekühlter Champagner
(Tip auf dieser Seite)
1/2 cl (2 Teel.) Grenadinesirup
Zum Garnieren:
1 Orangenscheibe
1 Zweig frische Minze
Was Sie sonst noch brauchen:
Shaker
1 Longdrinkglas
Barsieb
1 Trinkhalm

!

Sie müssen den »Munich Sunset« nicht unbedingt mit Champagner zubereiten. Ersatzweise können Sie italienischen Prosecco oder trockenen deutschen Sekt nehmen. Wichtig ist, daß das anregende Getränk schön kalt ist. Spezielle Champagnerverschlüsse halten angebrochene Champagnerflaschen gut unter Verschluß.

1

Die Eiswürfel in den oberen Teil des Shakers füllen.

2

Den Maracujasaft, den Cachaça und den Peach Brandy dazugeben. Den Shaker schließen und alles etwa 8 Sekunden kräftig schütteln (Seite 19).

3

Das Glas zu etwa einem Drittel mit gestoßenem Eis füllen. Die Mischung aus dem Shaker durch das Barsieb darauf abseihen. Mit gekühltem Champagner auffüllen.

4

Den Grenadinesirup vorsichtig in den Drink gießen. Er soll sich deutlich absetzen.

5

Die Orangenscheibe einschneiden und an den Glasrand stecken. Den Drink mit dem Minzezweig garnieren und mit dem Trinkhalm servieren.

Spirale schneiden

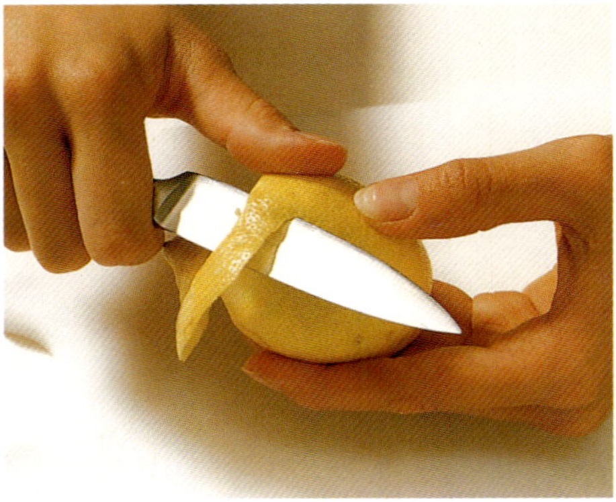

1 Die Zitrone gründlich waschen und abtrocknen. Mit einem scharfen Küchenmesser die Zitrone spiralförmig schälen.

2 Die Schale möglichst dünn abschälen. Es soll kein Fruchtfleisch mehr daran sein. Verwenden Sie grundsätzlich nur makellose, ungespritzte Früchte.

Eis zerkleinern

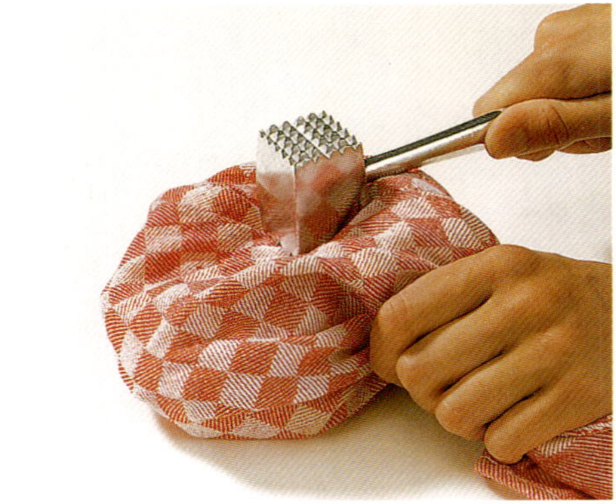

1 Die Eiswürfel in ein Küchentuch einwickeln. Auf einem festen Untergrund so lange mit einem Fleischklopfer oder Hammer drauf schlagen, bis nur noch Eisstückchen im Tuch sind.

2 Das Eis in ein Glas oder in eine Schüssel füllen. Eis, das am Tuch festklebt, mit einem Löffel abkratzen. Gestoßenes Eis im Kühlfach aufbewahren.

Im Shaker schütteln

1 Die Eiswürfel in den oberen Teil des zweiteiligen Shakers füllen. Die übrigen Zutaten dazugeben. Den Shaker schließen und waagerecht etwa 8 Sekunden kräftig schütteln.

2 Den Inhalt des Shakers durch das Barsieb in das Glas abseihen. Zuvor eventuell gestoßenes Eis in das Glas füllen.

Im Mixer mixen

1 Die gründlich gewaschenen Früchte mit dem Eis und den übrigen Zutaten in den Mixer geben. Bei Champagnerdrinks etwa 4 cl Champagner dazugießen.

2 Alles so lange mixen, bis die Mischung homogen ist (6–8 Sekunden). In ein gut vorgekühltes Glas gießen. Eventuell mit Champagner auffüllen und kurz umrühren.

Pernod Alligator

Gelber Saft und blauer Curaçao werden im Shaker zum grünen »Alligator«.

Erfrischend

Zutaten für 1 Drink:
8 mittelgroße Eiswürfel
8 cl Orangensaft
8 cl Maracujasaft
3 cl Pernod
2 cl Curaçao Blue
etwas gestoßenes Eis (Seite 18)
Zum Garnieren:
1/2 Orangenscheibe
Was Sie sonst noch brauchen:
Shaker
1 Longdrinkglas
Barsieb
1 Trinkhalm

!

Trinkhalme finden Sie in Kaufhäusern, Küchenläden und Geschenkboutiquen. Am besten eignen sich dicke, nicht knickbare Halme, die Sie mit der Schere passend fürs Glas abschneiden können. Dünne Trinkhalme verstopfen leicht.

1

Die Eiswürfel in den oberen Teil des Shakers füllen.

2

Die Säfte, den Pernod und den Curaçao Blue dazugeben. Den Shaker schließen und alles etwa 8 Sekunden kräftig schütteln (Seite 19).

3

Das Glas zu etwa einem Drittel mit gestoßenem Eis füllen. Die Mischung aus dem Shaker durch das Barsieb darauf abseihen.

4

Die halbe Orangenscheibe einschneiden und an den Glasrand stecken. Den Drink mit dem Trinkhalm sofort servieren.

Varianten:
Den aus Frankreich stammenden Anis-Aperitif Pernod verwandeln Sie im Handumdrehen in einen Longdrink mit französischem Flair: Mischen Sie einfach den Pernod im Verhältnis 1 : 5 mit Wasser, Orangensaft oder Bitter Lemon.

Gin Fizz

Der erfrischende Drink ist auf fast jeder Barkarte zu finden.

Klassiker

Zutaten für 1 Drink:
8 mittelgroße Eiswürfel
3 cl Zitronensaft, frisch gepreßt
2 cl Zuckersirup
5 cl Gin
etwas gestoßenes Eis (Seite 18)
1 Schuß Soda (Mineralwasser)
Zum Garnieren:
1 Zitronenscheibe
Was Sie sonst noch brauchen:
Shaker
1 Longdrinkglas
Barsieb
1 Trinkhalm

!

Einen Fizz können Sie statt mit Gin auch mit anderen Basis-Spirituosen zubereiten, zum Beispiel mit Wodka, Rum oder Tequila. Der Gin Fizz ist der bekannteste unter den Fizzes, die immer mit Eis im Shaker geschüttelt werden.

1

Die Eiswürfel in den oberen Teil des Shakers füllen.

2

Den Zitronensaft, den Zuckersirup und den Gin dazugeben. Den Shaker schließen und alles etwa 8 Sekunden kräftig schütteln (Seite 19).

3

Das Glas zu etwa einem Drittel mit gestoßenem Eis füllen. Die Mischung aus dem Shaker durch das Barsieb darauf abseihen und einen Schuß Soda dazugeben.

4

Die Zitronenscheibe einschneiden und an den Glasrand stecken. Den Drink mit dem Trinkhalm sofort servieren.

Variante:
Ein weiterer Longdrink-Klassiker ist der **Tom Collins**. Er wird allerdings nicht geschüttelt, sondern gerührt. Einfach statt Gin Wodka verwenden und die Zutaten im Glas mit Eiswürfeln verrühren. Etwas mehr Sodawasser als beim Gin Fizz dazugeben und eventuell noch einen Schuß Angostura. Den **Tom Collins** mit 1 Zitronenscheibe und 2 Cocktailkirschen dekorieren und mit Trinkhalm genießen.

Horse's Neck

Mit herbem Aroma begeistert er alle, die fruchtige Drinks nicht mögen.

Ganz einfach

Zutaten für 1 Drink:
3–5 mittelgroße Eiswürfel
5 cl Bourbon Whiskey
1 Spritzer (»Dash«) Angostura (Tip auf dieser Seite)
Ginger Ale
Zum Garnieren:
1 Zitronenspirale (Seite 18)
Was Sie sonst noch brauchen:
1 Longdrinkglas
Barlöffel
1 Trinkhalm

!

»Dash«: So nennt der Barprofi einen Spritzer einer Flüssigkeit, 3–5 Tropfen. Mit Hilfe von »Dash-bottles«, die Sie im Fachhandel bekommen, läßt sich dieser Spritzer exakt dosieren.

1

Die Eiswürfel und die Zitronenspirale in das Glas geben.

2

Den Whiskey und einen Spritzer Angostura dazugeben. Mit Ginger Ale auffüllen.

3

Die Mischung mit dem Barlöffel kurz verrühren und mit dem Trinkhalm servieren.

Variante:
Für den **Bourbon Mint Julep** geben Sie 5 cl Bourbon Whiskey, 2 Würfel Zucker und 6–8 frische Minzeblätter in ein Longdrinkglas. Zucker und Minzeblätter mit einem Stößel zerdrücken. Den Julep mit gestoßenem Eis auffüllen und sehr gut verrühren, am besten von oben nach unten und mit einem Schuß Soda (Mineralwasser) auffüllen. Mit einem Minzezweig dekorieren. Servieren Sie den typisch amerikanischen Drink mit einem Trinkhalm.

Strawberry Tequila

Ein fruchtiger Genuß im Juni und Juli, wenn die Erdbeeren hierzulande reifen.

Erfrischend

Zutaten für 1 Drink:
3–4 mittelgroße, reife Erdbeeren (die Menge soll 4 Barlöffel frisches Erdbeermus ergeben)
3 Eßl. gestoßenes Eis (Seite 18)
3 cl Zitronensaft, frisch gepreßt
2 cl Erdbeersirup
5 cl Tequila
1 Prise Salz
schwarzer Pfeffer, frisch gemahlen
Zum Garnieren:
1/2 Erdbeere mit Grün
Was Sie sonst noch brauchen:
Mixer
1 vorgekühltes Longdrinkglas
(Tip Seite 12)

!

Genießen Sie Tequila auch mal wie in Mexiko, der Heimat des Agavenschnapses: pur mit 1 Prise Salz und einer Idee Zitronensaft. Ein wenig Zitronensaft auf den Handrücken geben, und zwar auf die Fläche zwischen Daumen und Zeigefinger. Darüber eine Prise Salz streuen. Bevor Sie einen kräftigen Schluck Tequila trinken, lecken Sie an Salz und Zitronensaft. Übrigens: In mexikanischen Bars gibt es viele, manchmal skurrile Varianten dieser Methode.

1

Die Erdbeeren waschen, trockentupfen, eventuell 1/2 Erdbeere zum Garnieren weglegen. Bei den übrigen Beeren die Stiele abzupfen und die Beeren in den Mixer geben.

2

Das gestoßene Eis ebenfalls in den Mixer geben. Den Zitronensaft, den Erdbeersirup, den Tequila, Salz und Pfeffer dazugeben. Alles 6–8 Sekunden kräftig mixen (Seite 19), bis die Mischung homogen ist.

3

Die Mischung in das vorgekühlte Glas gießen. Die halbe Erdbeere einschneiden und an den Glasrand stecken. Den Drink sofort servieren.

Vivaldi

Der Champagnerdrink erhält durch den Edelbranntwein eine besondere Note.

Edel

Zutaten für 1 Drink:
1/2 reife Williamsbirne (gelb oder rötlich)
1 Eßl. gestoßenes Eis (Seite 18)
1–2 cl Zuckersirup
1 cl Williamsbirnenbrand
gekühlter Champagner oder Prosecco
Was Sie sonst noch brauchen:
Mixer
1 vorgekühltes Champagnerglas
(Tip Seite 12)
Barlöffel

1

Die Birne schälen, von Stiel und Kernhaus befreien, in Stücke schneiden und in den Mixer geben.

2

Das gestoßene Eis ebenfalls in den Mixer füllen. Den Zuckersirup, den Williamsbirnenbrand und 1 kleinen Schuß Champagner oder Prosecco dazugeben. Alles 6–8 Sekunden kräftig mixen (Seite 19), bis die Mischung homogen ist.

3

Die Mischung in das vorgekühlte Glas gießen. Mit einem Schuß Champagner auffüllen, kurz mit dem Barlöffel verrühren und sofort servieren.

!

Sollten Sie das Birnenmus bereits püriert haben, können Sie den »Vivaldi« auch im Rührglas zubereiten: Die Zutaten mit einem kleinen Schuß Champagner oder Prosecco im Rührglas auf Eiswürfeln verrühren, in das vorgekühlte Glas abseihen und mit gut gekühltem Champagner oder Prosecco auffüllen. Bei dieser Zubereitungsart schäumt der Drink beim Aufgießen nicht.

Aperosso Sling

Ein schnell gerührter Drink für alle, die alkoholfrei genießen wollen.

Alkoholfrei

Zutaten für 1 Drink:
3–5 Eiswürfel
1 Flasche Aperosso alkoholfrei
4 cl Orangensaft
4 cl Maracujasaft
1/2 cl (2 Teel.) Erdbeersirup
Zum Garnieren:
1 kleine Orangenscheibe
(Tip auf dieser Seite)
Was Sie sonst noch brauchen:
1 Longdrinkglas
Barlöffel
1 Trinkhalm

1

Das Longdrinkglas zu einem Drittel mit den Eiswürfeln füllen.

2

Den Aperosso, die Säfte und den Erdbeersirup dazugeben. Alles mit dem Barlöffel etwa 6 Sekunden lang verrühren.

3

Die Orangenscheibe in das Glas geben. Den Drink mit dem Trinkhalm sofort servieren.

Variante:
Mögen Sie's lieber leicht alkoholisch? Dann verrühren Sie den Aperosso mit Eiswürfeln und 12 cl Weißwein. Eine Zitronenzeste (ein Stück Zitronenschale) über dem Drink ausdrücken und nach Belieben mit ins Glas geben. Der spritzige Sommerdrink nennt sich **Aperosso frizzante**.

!

Verwenden Sie nur frische, appetitlich aussehende Früchte zum Garnieren. Und dekorieren Sie sie nicht zu üppig, denn ein Longdrink ist kein Obstsalat.

Long distance

Er löscht den Durst garantiert ohne Prozente – ideal für Sportler.

Alkoholfrei

Zutaten für 1 Drink:
8 mittelgroße Eiswürfel
10 cl roter Johannisbeersaft oder roter Traubensaft
1 cl Mandelsirup
etwas gestoßenes Eis (Seite 18)
gekühltes Bitter Lemon
Zum Garnieren:
1 Zitronenscheibe
Was Sie sonst noch brauchen:
Shaker
1 Longdrinkglas
Barsieb
1 Trinkhalm

!

Johannisbeer- und Traubensaft eignen sich ideal zum Mixen alkoholfreier Drinks – sie verleihen ihnen Farbe und herb-fruchtigen Geschmack.

1

Die Eiswürfel in den oberen Teil des Shakers füllen.

2

Den Saft und den Mandelsirup dazugeben. Den Shaker schließen und alles etwa 8 Sekunden kräftig schütteln (Seite 19).

3

Das Glas zu etwa einem Drittel mit gestoßenem Eis füllen. Die Mischung aus dem Shaker durch das Barsieb darauf abseihen und mit dem gekühltem Bitter Lemon auffüllen.

4

Die Schale der Zitronenscheibe eventuell verzieren, die Zitronenscheibe einschneiden und an den Glasrand stecken. Den Drink mit dem Trinkhalm sofort servieren.

Variante:
Auch der **Dreaming** bietet viel Geschmack bei null Prozent Alkohol. Dazu 10 cl Traubensaft, 6 cl Orangensaft und 3 cl Kokosnußsirup im Shaker mit Eiswürfeln mischen. Den Drink in ein mit gestoßenem Eis gefülltes Glas abseihen, mit 1 Zweig frischer Minze dekorieren und mit einem Trinkhalm servieren.

Das richtige Werkzeug

Für Einsteiger
Sie brauchen nicht gleich eine professionelle Barausstattung. Wenn Sie dann und wann mal zu Hause einen Longdrink schütteln, mixen oder rühren möchten, reichen Shaker, Mixer, Barsieb und Meßbecher.

Schütteln leicht gemacht
Der Shaker kann zwei- oder dreiteilig sein. Bei einem zweiteiligen Shaker füllen Sie Eis und Zutaten stets in den oberen Teil, bei einem dreiteiligen in den unteren Teil. Praktisch: ein Kombimeßbecher aus Edelstahl, mit dem Sie auf der einen Seite 2 cl, auf der anderen Seite 4 cl abmessen können.

Gut abschneiden
Außerdem brauchen Sie ein Schneidbrett, ein scharfes Messer, am besten mit Wellenschliff und 2 Spitzen, und einen Holzstößel zum Zerdrücken zum Beispiel von Minzezweigen.

Für den Profi
Wenn Sie häufig Longdrinks in der Hausbar genießen möchten, sollten Sie bei Shaker, Mixer und Pressen unbedingt auf Markenqualität achten. Dann lohnt sich auch die Anschaffung einer Crushed-Ice-Maschine. Damit können Sie automatisch und schnell gestoßenes Eis zubereiten.

Raffinierte Extras
Einige Kleinigkeiten erleichtern dem Barkeeper daheim die Arbeit: Mit Rührglas und Barlöffel rühren Sie Drinks professionell. Ein spezieller Champagnerverschluß sorgt dafür, daß Champagner, Prosecco und Sekt über Stunden Geschmack und Prickeln bewahren. Nützlich sind auch Eisbehälter und Eiszange.

Im Bild
Eisbehälter und Eiszange (1), Crushed-Ice-Maschine (2), Mixer (3), Presse (4), Shaker (5), Rührglas (6), Holzstößel (7) Barsieb (8), Kombimeßbecher (9), Barlöffel (10), Messer und Schneidbrett (11), Champagnerverschluß (12).